MÉMOIRE

SUR

L'ORGANISATION DU TRAVAIL,

Par M. de Malglaive,

CAPITAINE DU GÉNIE,

DÉTACHÉ POUR LA COLONISATION DE L'ALGÉRIE.

NANCY,

IMPRIMERIE DE HINZELIN ET Cᵉ, PLACE DU MARCHÉ, 67.

—

1849.

Dans un temps, j'ai eu l'idée d'élever la voix, pour appuyer la pensée d'occuper l'armée aux travaux publics ; la grandeur de la tâche et d'autres circonstances m'en ont empêché.

Désormais ce sera là, je le crois, la planche de salut de l'avenir, et je ne résiste pas au désir d'émettre ma pensée.

J'aurais souhaité l'élaborer davantage, recueillir des avis, des conseils qui me manquent; mais les graves fonctions auxquelles je suis appelé, ne me permettent pas d'espérer trouver de longtemps, le loisir qui me serait nécessaire. Je crois ne pas devoir tant tarder à publier l'idée d'un système qui peut aider à résoudre la question vitale des sociétés actuelles.

Marengo d'Afrique, décembre 1848.

MÉMOIRE

SUR

L'ORGANISATION DU TRAVAIL.

DE LA PROPRIÉTÉ.

Dieu a donné la terre à l'homme, comme base de son existence, en l'y condamnant au travail; de là, l'origine de la propriété. Le sol défriché devenait nécessairement la propriété de celui qui avait développé le travail nécessaire pour le féconder. Le fils succède au père, et de là, notre société présente, basée sur le résultat du travail et de l'économie. Rien ne se donne pour rien, et tout revenu exige une certaine quantité de travail antérieurement dépensée, ou acquise par l'échange du résultat d'un autre travail. Tout propriétaire qui dépense un certain travail à l'amélioration de son champ, ou qui y consacre une somme, résultat d'un travail antérieur, acquiert en quelque sorte, un droit de propriété aussi direct que celui du premier homme qui a défriché le champ. L'homme qui voudrait se substituer à un autre homme sur un champ, ou sur une propriété, serait tout aussi injuste qu'une nation qui voudrait se substituer à une autre nation, dans l'administration des richesses publiques, disposer des routes, des canaux, des docks, des chemins de fer, etc.; une telle iniquité ne pourrait se commettre sans l'anéantissement de l'autre nation qui, certainement, ne voudrait pas la souffrir. Napoléon était dans le faux en voulant porter la guerre en Angleterre, pour atteindre son commerce; il était dans le vrai, en créant des douanes, pour forcer la France à devenir industrieuse.

DE LA RICHESSE.

La richesse est l'excédant du produit sur les dépenses de production.

De la position de l'homme propriétaire et administrateur du résultat de son travail, et même de la source productive qu'il a fécondée, résulte une foule de positions différentes, pour les différents hommes.

Chacun de nous est responsable de son existence, eu égard aux facultés et aux moyens que la nature ou la fortune lui ont donnés. La richesse, c'est-à-dire l'excédant du produit sur les dépenses de production, est une conséquence du travail et de la propriété; c'est un don du ciel; l'homme le plus capable n'y a pas plus de droit que celui qui l'est le moins; car la capacité est déjà une faveur du créateur, au moyen de laquelle cet homme pourra s'élever; le génie même est un si grand don, que nos lois n'en attribuent pas la jouissance exclusive à l'homme qui en est doué; le brevet d'invention n'a de durée que pour un temps, après lequel l'idée de l'invention appartient au public qui est appelé à la féconder. L'homme n'a droit à rien par lui-même. Quel est celui qui mérite en soi, la dépense de sa vie? L'homme n'a de valeur humaine que par son utilité pour d'autres hommes moins capables ou moins puissants que lui. Si l'on ne considérait l'humanité qu'au point de vue de l'utilité et du mérite humain, il faudrait supprimer peut-être l'humanité entière, car notre mérite n'est que relatif, et le plus parfait, à quoi servirait-il, si l'homme n'avait un cœur pour le rattacher au créateur? Il faut donc laisser les richesses à leurs possesseurs naturels. Mais les emplois publics ne sauraient avoir des possesseurs naturels. Ils exigent de la capacité, du travail, et par conséquent un choix parmi les hommes.

Le rôle de l'homme riche est, en quelque sorte, de classer les choses et les produits des hommes, d'admirer et de remercier le créateur.

Sans richesse, tous les hommes seraient égaux et devraient être occupés uniquement de la production de leurs aliments et des choses nécessaires à leur existence matérielle; l'humanité pourrait être plus nombreuse, mais elle serait complètement abrutie. Car pour qu'un homme s'occupe des choses étrangères à celles de l'existence matérielle, il faut qu'un autre homme pourvoie à ses besoins physiques, et que, par conséquent, celui-ci ait un excédant de produit, sur ses frais de production, c'est-à-dire, sur son existence propre. Cet excédant de production pourrait servir à nourrir deux ou trois hommes occupés sur un sol aride, qui ne produirait que la moitié ou le tiers de ce qui est nécessaire à leur existence; mais alors l'existence intellectuelle et morale de l'homme serait perdue.

La richesse est donc nécessaire. Le rôle de l'homme riche n'est pas difficile ; il lui suffit presque d'avoir le sentimment du devoir et de la justice. Malheureusement, l'homme est tellement faible, que souvent il ne voit que lui-même et oublie les autres. Mais l'ambition rend ce défaut peut-être plus fréquent encore chez les hommes supérieurs. Le roi autrefois était le riche de la nation.

Il n'appartient à personne de créer un riche ; l'état n'est pas compétent pour classer les hommes ; d'abord, les juges seraient des hommes ; en outre, l'humanité, ou la masse des hommes, courraient le risque d'oublier qu'ils ont à rendre des services, pour ne songer qu'à devenir capables ou à le paraître ; et c'est là déjà une plaie de notre société ; par suite du choix à faire, pour le petit nombre de places qui sont à donner, les hommes s'usent dans une vaine activité d'esprit.

DE L'ORGANISATION SOCIALE.

Des bases de l'existence humaine, savoir le travail et la propriété, découle une foule d'existences diverses qui envahissent et fécondent toutes les sources de produits. Le gouvernement devient nécessaire pour assurer à chacun l'exercice libre de ses facultés et de ses droits ; c'est en quelque sorte le fondé de pouvoirs d'une association générale contre les entreprises particulières d'individus qui, par un motif quelconque, tenteraient de nuire à la société ou à ses membres. Le gouvernement est chargé, en outre, de veiller aux intérêts généraux et à l'exécution des mesures à prendre pour y pourvoir. Le pouvoir formé de l'élite de la nation, doit en être le modèle et le guide ; son devoir est de favoriser la stabilité des existences, sans nuire à leurs progrès. Le chef du gouvernement chargé de choisir les fonctionnaires, n'est autre que le représentant et le délégué de la nation.

DE L'ÉTAT ACTUEL DE LA SOCIÉTÉ FRANÇAISE.

La société française est donc une réunion d'hommes entre lesquels sont répartis le sol et toutes les sources productives de la France ; hommes responsables de leur existence et de celle de leurs familles, chacun selon ses moyens, sous la protection d'un pouvoir chargé de veiller aux intérêts communs, et dont le chef est le représentant et le délégué de la nation.

Mais toutes ces existences sont loin d'avoir les mêmes chances de succès ; les uns sont malheureux ou incapables dans leurs entreprises ; d'autres naissent de parents imprévoyants, qui assument sur eux la responsabilité d'une nombreuse famille, sans songer à donner à leurs enfants des moyens d'existence, soit par un travail acquis, soit par l'éducation; encore l'éducation seule souvent ne suffit-elle pas; car les sources productives de la nature ne sauraient s'accroître toujours aussi rapidement que la population.

Ces maux auxquels est soumise l'humanité, sont encore augmentés par les progrès mêmes de la société; l'industrie, par la grandeur et la complication de ses opérations, cache ses ressources à la plupart des intelligences; l'homme marche en aveugle dans cette voie, et ne peut prévoir son avenir. La concurrence, les inventions mêmes, le caprice, la mode, les circonstances bouleversent les existences. La population s'accroît outre mesure; le pouvoir est assailli pour les places qui sont à donner; la société n'est plus qu'une lutte constante pour se créer une position et la défendre; les sciences, les arts, ne sont plus cultivés que pour le profit que l'on peut en tirer; la morale est oubliée; tout ce qu'il y a de beau et d'élevé dans l'âme, se flétrit; la propriété, seul rempart contre le chaos, est menacée malgré les efforts qu'elle a faits pour suffire aux besoins de la population; témoin la dette hypothé-caire dont elle est grevée. Et la civilisation, but de l'humanité, c'est-à-dire la culture et le développement de l'intelligence, de l'esprit et du cœur, finirait par disparaître, si cet état de choses devait durer plus longtemps.

MODIFICATIONS A APPORTER A NOTRE ORGANISATION SOCIALE.

Dans le spectacle qu'offre la société, deux faits frappent surtout les yeux; le premier, c'est l'encombrement de certaines carrières. Il faut en excepter l'agriculture, où les hommes en contact avec la nature apprennent à en mesurer les sources productives, à calculer et à se conduire; les habitants de la campagne trouvent en outre, dans l'in-térêt qu'ils prennent à leurs travaux, des jouissances morales qui con-tribuent à leur sagesse. Nous excepterons aussi les professions qui ont pour but la culture de l'âme.

Le second fait que l'on remarque, est l'avidité avec laquelle on re-cherche presqu'exclusivement le bien-être matériel. Mais ce second fait est la conséquence du premier, ou de l'encombrement des hom-mes et du mouvement des fortunes. Le premier besoin de l'homme est l'existence physique; or, l'instabilité des positions lui ôte trop souvent le loisir de s'occuper d'autre chose.

Le but à atteindre est donc d'utiliser l'excédant de population ; de donner par là plus de stabilité aux positions faites, et d'éviter à l'avenir, par une organisation convenable, notre état de choses présent. Les colonies ne sont qu'un palliatif momentané qui utilise cet excédant de population ; l'organisation du travail seule peut le prévenir.

L'homme est libre de se créer une position indépendante ; la civilisation et le progrès y sont attachés ; mais celui qui échoue et ne trouve pas d'emploi, reste nécessairement à la charge de la société ; l'humanité nous oblige de pourvoir à son existence, mais aussi, l'honneur fait à cet homme, un devoir de ne pas augmenter, par le surcroît d'une famille, les charges que la société s'impose. Tout autre principe serait contraire aux lois naturelles, tendrait à décharger l'homme de l'obligation de pourvoir à son existence, et de la responsabilité de sa conduite et de ses actes. Une partie de la population deviendrait l'esclave de l'autre, et nous marcherions à des catastrophes épouvantables.

L'Etat devient donc nécessairement le refuge de la population excédante, qui, moralement, est obligée de vivre dans le célibat. Personne ne saurait être affranchi d'une obligation que s'imposent souvent des hommes d'élite, par exemple dans l'armée, où grand nombre d'officiers s'abstiennent du mariage, dans la crainte de ne pouvoir soutenir les charges de leur position et d'une famille.

ORGANISATION DE LA POPULATION EXCÉDANTE.

Nous ne nous occuperons que des hommes ; les femmes plus douces et plus patientes, trouveront généralement une existence dans les nombreux emplois de la vie intérieure des familles ; la charité et l'esprit religieux peuvent occuper le reste. Pour les hommes, la vie en commun, par économie et par position. Elle exclut, il est vrai, les douceurs de la vie intérieure, mais ne manque pas de charmes ; elle rompt l'isolement, occupe la vie par les devoirs d'ordre, de ponctualité, de discipline même qu'elle exige ; elle supplée à l'esprit de conduite si nécessaire à l'homme, et dont l'absence presque complète dans les classes les plus pauvres de la société, engendre et perpétue l'extrême misère. Les rapports entre les subordonnés et les chefs, établissent une vie morale qui rattache entre eux les anneaux de la chaine sociale, et qu'il serait heureux de pouvoir compléter par des sentiments religieux qui seuls reposent le cœur.

Reste à donner un but à l'activité humaine ; ce sera le travail et les armes. Le travail qui ennoblit l'homme et lui permet d'accepter sans rougir, le secours de ses semblables ; les armes, car un jour il peut être appelé comme tout autre citoyen à défendre sa patrie. Quel bel état que celui de l'homme qui, sans intérêt personnel, se vouerait ainsi aux travaux de la paix, et aux fatigues de la guerre !

Le caractère du corps qu'il s'agit de constituer ; le régime de vie et les occupations, sont les seuls avantages qui y attireraient les hommes par des engagements volontaires ; ceux qui y viendraient ne seraient peut-être pas les plus nécessiteux, mais ils feraient place aux autres. Une haute paie proportionnée à l'ouvrage produit, servirait à stimuler le zèle des travailleurs et à leur donner un certain bien-être. Mais que l'on ne s'y trompe pas, la religion doit être le complément de la vie en commun, comme de toute autre existence. C'est Dieu qui a imposé à l'homme l'obligation du travail ; c'est au nom de Dieu, source de toute vérité, que l'on peut maintenir ces travailleurs réunis, les gouverner et les discipliner ; c'est à Dieu seul qu'ils pourront offrir les résultats de leurs travaux, les élans de leur intelligence vers le beau et les arts ; car il faudra leur donner leur part de civilisation en cherchant à développer toutes leurs facultés. L'homme n'est grand que par son commerce avec Dieu, par l'intelligence et la vie ; lui seul fixe l'homme qui, sans cela, peut être embarrassé de sa puissance, et faire un mauvais usage de ses forces, comme un enfant se blesse en se servant d'une arme dont il ignore le but et la portée.

FORMATION DES CORPS TRAVAILLEURS.

Pour réaliser la formation de corps travailleurs, rien de plus facile : L'armée donne le moyen de former les cadres et les noyaux de corps constitués comme elle, et composés d'hommes capables de comprendre, de diriger et d'exécuter des travaux, d'hommes rompus à l'exactitude, à la discipline et aux idées d'ordre qu'exige la vie en commun. Il suffirait sans doute de faire un appel aux hommes de bonne volonté. De nouveaux venus incorporés à ces noyaux, prendraient promptement les traditions et les habitudes militaires, c'est-à-dire , le régime qui convient à la vie en commun ; et, par des agrandissements successifs, on arriverait à donner à ces corps, telle proportion qn'il conviendrait.

NATURE DE TRAVAUX A ENTREPRENDRE.

Des travaux d'amélioration , dans l'intérêt commun , sont évidemment ceux qui doivent être d'abord affectés aux corps travailleurs ; car les travaux d'amélioration créent la puissance et la richesse ; permettent à un plus grand nombre d'hommes de se caser sur la surface du sol ; et donnent par conséquent le moyen de récompenser par leur travail même, les hommes les plus méritants. Ils ne font tort à personne, car la population casée et constituant la société se suffit à elle-même, pourvoit à ses besoins, et progresse dans la civilisation suivant ses forces et ses inspirations. Mais que l'on ne s'abuse pas, jamais le travail de la population excédante ne pourra suffire à ses besoins, sans quoi elle ne serait plus population excédante. Pour s'en convaincre, que l'on réfléchisse au nombre des générations qui nous ont précédés et dont les travaux suffisent à peine, pour nous mettre en état de pourvoir à notre existence. La population excédante est comme le bénéfice net de la société, dont le capital serait la société même ; et les frais d'exploitation, son existence propre, et son développement intellectuel et moral. Or, le bénéfice net ne peut se reproduire lui-même ; il peut au plus donner un intérêt qui diminuera par le temps et les améliorations successives qu'il amène ; car le progrès devient d'autant plus difficile, que l'on approche plus de la perfection.

Ainsi un canal, une route, augmenteront directement le nombre des existences fixes, permanentes, ou assurées, par le nombre des cantonniers, des ingénieurs, des agents qui seront nécessaires pour l'entretien de ce canal, de cette route ; mais le nombre de ces emplois, dont une grande partie sera dévolue aux travailleurs, sera infiniment minime par rapport au nombre d'hommes qui ont été employés à l'exécution du travail. Le nombre des existences fixes augmentera aussi indirectement par le développement que peuvent prendre l'agriculture et l'industrie, par suite des travaux exécutés ; mais ce sont là des bienfaits que les corps travailleurs devraient être heureux de rendre aux hommes qui les ont vus naître et qui pourvoient à leur existence ; ce sont leurs frères ou leurs neveux qui en jouiraient ; et c'est par là, par des services rendus, que l'harmonie et l'affection doivent s'établir entre les différentes classes de la société.

Si la population excédante n'était pas suffisante pour exécuter les travaux d'utilité publique que veut entreprendre la société, alors cette société se subdiviserait en deux parties, dont une s'occuperait aussi des travaux publics, en se réservant ceux qui sont les plus compatibles avec la vie de famille. Ou bien l'on stimulerait la formation des corps travailleurs, ou le développement de la population, par des avantages faits aux travailleurs, comme cela se pratique dans toutes les carrières où les sujets manquent. Ce serait le mode de beaucoup préférable, d'exécuter les travaux publics, comme on le verra par la suite; mais qu'il me soit permis, dès à présent, d'en faire ressortir une partie des avantages politiques.

POINT DE VUE POLITIQUE.

Rien n'est plus vicieux que des travaux publics exécutés par l'industrie privée : il est impossible aux hommes qui y sont employés, de juger et de prévoir les ressources qui sont mises à leur disposition, et, par conséquent, de régler leur vie; ils engendrent une population nomade, privée presque de tout moyen de civilisation, faute d'intérêt dans le monde, et de liens qui la rattachent aux autres membres de la société. Un travail public ainsi exécuté amène une perturbation dans l'industrie locale, en produisant la rareté de la main d'œuvre. Quand il est terminé, c'est la population qui souffre, par la privation des ressources qui la faisaient vivre, et le développement qu'elle a pris; elle souffre jusqu'à ce que le chiffre de cette population soit ramené par la misère et les émigrations forcées, au taux que comportent le sol et l'industrie locale.

Le grand développement donné aux travaux publics dans ces derniers temps, doit être une des causes du malaise profond de notre société présente, et qui menace d'amener sa ruine.

Les corps travailleurs pareraient à tous ces inconvénients, et forceraient l'état à prévoir et à juger d'avance, du nombre d'hommes qui lui est nécessaire et qu'il prend à sa charge.

L'emploi de corps travailleurs est donc une nécessité.

Que l'on ne vienne plus nous dire que les travaux publics exécutés par des troupes, c'est-à-dire par des corps organisés, coûtent plus cher que ceux qui sont exécutés par l'industrie privée. C'est possible au début d'une organisation; mais, quand même il en serait ainsi, ce n'est pas par des chiffres qu'il faut calculer les budgets, mais par les besoins de la population, et l'impulsion que l'on veut lui donner. Une nation est riche, non par l'argent économisé, mais par les travaux faits, ou les services rendus. L'argent n'est rien, et n'a aucune valeur par luimême; c'est comme le sang, dont la circulation entretient la vie : Nous étions mal à l'aise, parce que la circulation se faisait mal, et n'atteignait qu'imparfaitement et d'une manière irrégulière, certains organes.

Maintenant, nous sommes malades, parce que la circulation est interrompue ; la gangrène nous menace, et le corps est menacé d'entrer en convulsion, si cet état de chose dure plus longtemps. Tout le monde doit tendre à y porter remède ; mais ce n'est pas en cherchant à introduire une nouvelle masse de sang, comme le font ceux qui proposent la création de nouvelles valeurs fictives ; au contraire, il faudrait en tirer. On ne force pas la nature ; pour guérir le mal, il faut en reconnaître la cause et la faire disparaître.

Une nation peut être tellement riche, qu'il lui soit avantageux de faire disparaître une partie de son numéraire. Cela arriverait si l'abondance de ce numéraire augmentait la valeur nominale des choses à l'intérieur, au point qu'il lui fût impossible de faire échange de ses produits pour argent étranger. Il faudrait alors acheter pour argent les produits étrangers dont on aurait besoin. C'est là l'objet du commerce ; car le commerce n'a pas d'autre résultat général, que d'établir partout l'équilibre des produits, eu égard aux difficultés de la circulation. Les douanes sont instituées pour empêcher les échanges désavantageux, car l'on ne donne rien pour rien. Je dis désavantageux, non pour l'humanité, cela est impossible ; mais pour le groupe d'hommes qui composent une nation.

Revenons aux travaux publics : les travaux publics ne peuvent être développés outre mesure ; car alors la nation se grève ; devient l'esclave de ses enfants, à l'existence desquels elle pourvoit, et dont elle se prive pour les envoyer travailler au loin ; elle se matérialise par l'absence des joies de famille, des loisirs que lui donnerait une existence moins surchargée, et des jouissances intellectuelles et morales, que permettent les loisirs et les travaux de ceux qui s'adonnent à la culture de l'intelligence et du cœur ; but vers lequel doit tendre l'humanité. Les travaux d'utilité publique d'ailleurs, auront un terme, quelque étendue que soit la tâche. Le nombre de canaux d'irrigations ou d'assainissement à construire ; de plantations à faire ; la culture elle-même a une limite, et ne doit s'étendre que jusqu'au champ qui rapportera juste les frais d'exploitation. Car au-delà, la terre laisserait un déficit, et l'homme qui cultive n'aurait plus les moyens d'échange suffisants pour pourvoir à ses besoins ; la charité, qui répare les fautes des hommes, serait obligée de venir à son aide et de le guider.

Dieu a en quelque sorte mesuré les loisirs que nous nous devons, par celui qu'aurait l'humanité arrivée au maximum raisonnable de son développement ; ce serait l'excédant des terres les plus productives sur celles qui le seraient le moins, eu égard aux frais d'exploitation, c'est-à-dire, à l'existence physique des hommes employés à la culture. Car c'est la terre qui paie tous ses besoins, comme base unique de l'existence humaine. Cet excédant est la richesse totale ou normale mise à la disposition de l'homme, et dont il doit user pour son développement intellectuel et moral; pour le culte qu'il se doit à lui-même et à Dieu.

Jusqu'à cette limite, (limite bien vague, puisqu'elle dépend du perfectionnement de l'industrie humaine), l'excédant de la richesse sur la richesse normale, ou les loisirs qu'elle procure, et il doit y en avoir, car les terres les moins fertiles ne seraient pas encore cultivées; cet excédant de loisirs, dis-je, doit être employé à fertiliser le sol, pour qu'il puisse recevoir un surcroît de population. L'excédant de la population, ou au moins une partie qui décroîtra constamment, à mesure que l'on approchera de la perfection, peut être employé à ces travaux.

Arrivée à son maximum de développement, la grandeur de la population doit rester constante ou stationnaire; et ce que nous avons appelé population excédante, sera nécessairement compris dans la masse des hommes qui se livrent à des travaux de luxe, (c'est-à-dire, qui occupent les loisirs), ou à des travaux intellectuels et moraux, et qui établissent par là avec l'humanité, des rapports ou échanges de services, qui leur permettent de vivre aux dépens de la terre, seule nourrice des hommes. Mais ceux de ces travailleurs que les circonstances classeront dans la population excédante que la société est tenue de secourir, devront nécessairement vivre sous le régime de la communauté, pour suppléer à la vie de famille qui ne saurait être le partage de tous.

La fortune individuelle, ou le résultat du travail et de l'esprit de conduite, n'est donc pas autre chose pour chacun, que le droit de choisir dans le monde, sa position et son état, car tous exigent des sacrifices plus ou moins grands, ou un travail préalable, créateur.

Les travaux de luxe à entreprendre par la population excédante, auraient nécessairement un caractère national. La population excédante serait comme la famille du chef de l'état, qui est chargé d'en faire les honneurs. Le luxe n'est donc pas un mal; loin de là : c'est le résultat de l'intelligence et du travail de l'homme; l'usage légitime des richesses que Dieu a mises à sa disposition, soit pour se faire honneur et s'exciter au bien, par des hommages réciproques dont l'homme doit chercher à se rendre digne; soit en rendant à Dieu le culte qui lui est dû.

Mais le luxe, développement du beau dans l'ordre matériel qui est le fruit de l'intelligence, ne doit pas faire oublier le moral, développement de l'âme, pour lequel l'homme est fait et existe. On ne saurait donner le nom de luxe à cette consommation exagérée, ou à cette recherche coupable, qui abaisse quelquefois l'homme au niveau de la brute, et le fait souvent déchoir dans la société, au rang qu'il mérite. Le luxe ne doit être qu'un instrument de l'âme et de la pensée, pour se manifester par le beau.

DE LA SOLIDARITÉ HUMAINE.

Mais une nation ne peut ainsi progresser seule vers la civilisation et le développement complet de l'humanité; ce serait de l'égoïsme; et elle en serait bientôt punie par le trouble que viendraient porter chez elle, les nations moins civilisées. Car ces nations, douées d'une richesse relative plus grande, pourraient, tout en conservant pour elles, c'est-à-dire, pour la population casée, la même jouissance relative pour la culture et la civilisation, (si toutefois elles en sentaient le besoin), ces nations, dis-je, pourraient employer cet excédant de richesse à entretenir sous les armes, une population capable de comprimer et de dominer le peuple civilisé; ce qui arriverait certainement par l'envie que feraient naître le luxe et les progrès de ce peuple civilisé d'une part, et d'autre part, l'énergie physique dont sont doués les peuples barbares, qui ne connaissent et ne cultivent d'autre puissance que la force.

La tâche d'un peuple se trouve donc augmentée de toute l'influence qu'il doit exercer sur l'humanité entière, par ses exemples, ses conseils et ses secours. Il y a solidarité entre tous les hommes; et l'un ne peut s'élever sans l'autre, car il y aurait désunion et discorde. La vérité n'a de puissance qu'autant qu'elle est comprise et sentie par l'homme à qui elle est destinée, et qui la manifeste par des actes qui émanent de sa liberté; jusque-là la vérité est une vertu latente; l'homme supérieur est obligé, dans l'intérêt même de sa puissance, de la communiquer à ceux qui le suivent; de former par là des faisceaux qui se soutiennent l'un l'autre, en forme de pyramide, et cette pyramide est d'autant plus stable, que la base en est plus large, ou que la vérité a une action plus directe; l'humanité en devient le corps, et les hommes, les bras.

Les douanes dont nous avons déjà dit un mot, ne sont utiles qu'autant qu'elles empêchent les inégalités artificielles, ou l'exploitation de
l'homme par l'homme; et qu'elles favorisent son développement là où
il convient. Car, au point de vue des produits naturels, les libre-échan-
gistes auraient raison. Ainsi l'Angleterre périra, parce qu'elle a sur son
sol une population industrielle destinée à desservir une partie du globe,
et dont les peuples pourront se passer dès qu'ils le voudront. Il n'est
donc pas avantageux de développer un commerce extérieur, à moins
que cela ne soit basé sur des produits naturels et sur l'intérêt de l'humanité. L'Angleterre est dans ce cas, pour les produits minéraux, et
nous, la France, pour les vins. Les douanes peuvent aussi favoriser
le développement de la population sur un sol déterminé, c'est-à-dire
empêcher la population de se répandre sur un territoire voisin, mais
nous avons vu qu'alors la richesse matérielle diminue, et la nation se
voue à un surcroît de travail et d'activité.

Nous avons été entraînés dans les considérations qui précèdent, par
l'enchaînement des choses, et pour étayer nos opinions. Si elles sont
justes, on voit combien il serait impolitique (l'humanité étant arrivée
à un certain degré de développement) d'interdire, d'une manière absolue, les associations religieuses, puisqu'elles absorbent et utilisent
une partie de la population excédante qui, sans elles, serait à la
charge de l'Etat; que, d'ailleurs, ce sont elles qui sont les plus capables
d'exploiter les terres les moins productives, par suite de l'absence des
charges de la vie de famille, des avantages de la vie en commun, et
de l'esprit d'ensemble qui règne dans ces associations. Enfin l'humanité arrivée à son maximum de développement, en face d'elle-même
et de ses richesses, se trouverait fort malheureuse si elle n'avait en
elle l'idée de Dieu, idée dont le mouvement et l'actualité peuvent seuls
la distraire.

Quoi qu'il en soit, dans ces sortes de choses, qui est-ce qui peut se
dire plus capable qu'un autre? Liberté, liberté entière. C'est la pro-
vidence qui nous conduit et forme les sociétés.

Ce mot de liberté réveille en moi une pensée; qu'il me soit permis
de l'exposer ici.

Le père seul, comme auteur des jours de son enfant, a le droit et
le devoir d'en diriger et d'en surveiller l'éducation, jusqu'au moment
de son entier développement. C'est là le droit le plus sacré. L'Etat
peut le faire pour ceux à qui la famille manque par quelque cause
que ce soit; d'un autre côté, la charité exige que les hommes vivent

en rapport les uns avec les autres, quels que soient leur rang et leurs opinions; et il est bon qu'ils en contractent l'habitude dès l'enfance. De là l'utilité des sources communes d'éducation. L'Etat doit y tenir, pour éviter les divisions et les dissensions sociales. C'est là encore une question de solidarité humaine. La vérité finira toujours par se faire jour, pourvu que l'homme soit obligé de l'entendre, et que l'erreur ne puisse pas être professée sans être signalée et contredite. Enfin l'Etat doit rester maître de l'enseignement, parce que l'Etat représente l'humanité, ou du moins la nation, et que l'humanité doit rester libre de se diriger elle-même, sous sa responsabilité personnelle.

Pour concilier toutes choses, il serait peut-être bien d'établir dans chaque collège et dans chaque classe, un banc réservé aux parents ou à leurs délégués, de manière qu'ils pussent surveiller les cours; rectifier près de leurs enfants, les erreurs de fait ou d'interprétation qui pourraient s'y glisser; ou bien compléter les développements qui peuvent y manquer. La justice se rend publiquement, pourquoi l'instruction se cacherait-elle? Il faudrait en outre établir deux chaires de philosophie, l'une pour les partisans de l'opinion que l'homme peut se guider par sa raison seule; l'autre, pour ceux qui croient que la raison doit s'appuyer sur la foi. Question de principe qui divisera longtemps l'humanité, et que personne ne saurait trancher; car l'homme est libre, et ne peut être guidé que par ses convictions propres ou la confiance, fruit du discernement, et que nul ne saurait imposer.

AVANTAGES DE LA CRÉATION DES CORPS TRAVAILLEURS.

COMPLÉMENT DES CONSÉQUENCES POLITIQUES.

La régularité de la marche de la société, et la stabilité des positions, avantages dont nous avons déjà parlé au sujet de l'emploi des corps travailleurs, ne sont pas les seuls que l'on retirerait de la formation de ces corps. Ils nous gareraient de la féodalité industrielle, vers laquelle les gouvernements derniers étaient fatalement poussés.

N'y a-t-il pas la plus grande analogie, entre notre industrie actuelle et la force armée au temps où elle était à la solde de capitaines, qui la commandaient et la dissolvaient quand ils le jugeaient convenable? Nos luttes industrielles ne sont-elles pas les rivalités des puissants d'autrefois? Nos travaux publics ne sont-ils pas les coups de main, pour lesquels l'Etat réclamait alors le secours des capitaines entrepreneurs, et à la suite desquels on dissolvait les bandes? Notre gouvernement dernier n'était-il pas à la discrétion des puissances industrielles?

Pour que le gouvernement se soutienne et soit indépendant, il faut qu'il ait une force sur laquelle il s'appuie. L'ancienne monarchie l'avait senti, et avait basé sa force sur la jouissance et la richesse, dont elle avait tenté d'éviter la dispersion par des privilèges. L'idée était bonne, mais les moyens injustes et immoraux ; injustes en ce qu'ils formaient une société dans une autre société, et détruisaient par des lois plus prudentes pour l'aristocratie que pour le reste de la nation, l'équilibre qui doit exister entre tous les membres de la société ; ces moyens étaient immoraux et injustes en ce que, contrairement aux lois naturelles, ils tendaient à décharger l'homme de la responsabilité de ses actes et de sa conduite. Les fils ainés des familles nobles avaient la fortune ; les autres, les emplois de l'Etat, fonctions qui, payées par tous et à tous, souvent par le peuple seul, ne doivent être données qu'à la capacité et au mérite.

Le gouvernement moderne s'appuierait sur la population excédante, force essentiellement démocratique et composée en quelque sorte des cadets de la France ; non pas cadets déshérités, puisque leur engagement volontaire serait un acte de raison et de dévouement, dont la nation entière supporterait la charge.

Il n'est pas à craindre que le fardeau devienne trop pesant pour l'Etat : d'abord, les parents se séparent difficilement de leurs enfants, surtout dans les campagnes ; du côté des enfants, le sacrifice est si grand, que, souvent ils en meurent, comme on le voit lorsque nos jeunes soldats sont obligés de joindre les régiments. Mais quand même la charge serait pesante, la nation sentirait la responsabilité de ces actes. Le pauvre, quelque minime que fût sa quote part d'impôts, en sentirait le poids, et apprendrait à réfléchir ; le riche serait obligé de venir au secours des pauvres proportionnellement à sa fortune, et comprendrait l'obligation de les moraliser et de les instruire.

On peut juger par la grandeur relative des familles en France et en Angleterre, dans les divers rangs de la société, de l'influence que peuvent avoir, sur le développement des populations, l'intelligence, l'instruction, et des lois qui tendraient à décharger l'homme, de la responsabilité de ses actes et de l'obligation de pourvoir aux moyens d'existence de ses enfants.

Que l'on ne craigne pas non plus que le pouvoir, s'appuyant sur la force qui se groupe autour de lui, finisse par dominer la nation : d'abord la grandeur de cette force dépendra , comme nous venons de le faire voir, de la nation même ; ensuite les chefs, quelle que soit leur origine, qu'ils soient sortis des rangs des simples travailleurs, ou de familles aisées de la société , (car ce sera une carrière ouverte comme toute autre, à la capacité, au mérite et aux services rendus), ces chefs, dis-je, n'appartiendront plus à la classe de la population excédante ; ils pourront contracter des alliances et participer par la famille , aux intérêts communs de la société. D'ailleurs ces corps travailleurs seraient-ils constitués autrement que l'armée actuelle? Et l'armée maintenant est-elle un danger pour la société? Voit-on chez nos généraux une tendance à la domination?

Un bienfait qu'amènerait aussi la formation des corps travailleurs, serait la réduction de l'armée, et par conséquent, de la charge si onéreuse et si inégale de la conscription. Car le pauvre, frappé par le sort, comme le riche, est obligé de payer la même somme à l'homme qu'il destine à son remplacement. Dans les corps travailleurs au contraire, l'homme qui est sous les armes, serait payé proportionnellement à la fortune de chacun de nous.

Au point de vue militaire, les corps travailleurs n'offrent aucun inconvénient : il n'est pas nécessaire, pour être soldat, de s'occuper exclusivement des armes ; les troupes du génie en sont la preuve ; on remarque même que les meilleurs soldats sont ceux d'une année ou deux au plus de service ; au-delà, les hommes se fatiguent d'occupations stériles, et leur zèle ne reparaît que dans le besoin, ou s'ils sont stimulés par quelques causes particulières.

La force de l'armée gît dans l'organisation et la vie en commun, qui fait sentir promptement aux hommes la nécessité de l'ordre, de la subordination, et leur permet de se connaître et de s'inspirer une confiance réciproque. Au point de vue militaire, des réunions de dépôts pour former les jeunes soldats et les citoyens aux grandes manœuvres, et pour donner carrière à ceux qui sont spécialement militaires, sont seules nécessaires. Mais il faut que les officiers conduisent leurs hommes en toutes circonstances ; sans quoi, leur influence diminue ; la subordination et l'esprit militaire disparaissent. C'est là ce qui exige une transformation et une espèce d'apprentissage de l'armée actuelle, pour son emploi aux travaux publics.

Ce que peuvent la puissance d'organisation et les traditions militaires, les temps modernes viennent d'en donner l'exemple, dans l'ordre qui a été maintenu par ceux-mêmes qui, quelques jours auparavant, en étaient les ennemis.

CONSIDÉRATIONS ÉCONOMIQUES.

Au point de vue de l'économie politique, quoi de plus monstrueux que des travaux publics abandonnés à l'industrie privée et grevés d'un péage ? On conçoit que l'on établisse un impôt sur un produit; en effet, c'est demander à l'homme une partie du résultat de son travail ; alors la valeur créée n'est pas annulée ; si la charge est trop lourde, l'homme changera d'état et tournera son industrie d'un autre côté; ou bien il restera dans sa position et continuera cette industrie, si toutes les autres sont également grevées; car il faut qu'il vive, et que, par conséquent, il travaille. On conçoit ici l'importance de répartir l'impôt d'une manière uniforme; c'est-à-dire, d'une manière proportionnelle sur tous les produits, afin de ne pas détruire par les variations de l'impôt, l'équilibre des différentes industries et nuire par là à la société. Sans cela une taxe unique sur le sol ou la culture, suffirait à la marche d'une nation. Mais créer un impôt spécial sur l'usage d'un instrument de travail créé par soi, c'est paralyser le résultat du travail de cet instrument, et par conséquent, son propre travail même.

Toute valeur productive créée ne doit pas être imposée proportionnellement à sa valeur de création, car cette valeur a disparu par le fait même de la création, et par la circulation. Elle doit être imposée proportionnellement à son utilité ou ses produits; car nous ne vivons que de produits. C'est à l'homme, d'après cette base, à juger du meilleur emploi à faire de ses capitaux; nul ne peut se substituer à lui, ni même remplacer à coup sûr et avec avantage, la clairvoyance généralement engendrée par la responsabilité individuelle ou la liberté. Le capitaliste a droit à sa quote-part de bénéfice net, comme nous le verrons plus loin ; mais il ne peut entraver l'utilité du travail des hommes, par un impôt exagéré; car la vie des hommes ne lui appartient pas ; il n'a que le droit d'en diriger l'activité, sous sa responsabilité personnelle, ou sous la responsabilité de ses intérêts, d'après le choix qu'il fait de l'emploi de ses capitaux; ainsi, pour l'usage d'un chemin de fer, par exemple, on ne doit payer que les frais de transport et d'entretien, y compris l'intérêt du capital d'entretien, dépense permanente et journalière ; plus l'impôt relatif à cet intérêt (car nous avons dit que tout revenu devait être imposé) ; et enfin le traitement des employés, et l'impôt relatif à ce traitement, impôt qui devrait être payé par eux au trésor. En sorte que l'Etat, s'il était chargé de l'exploitation du chemin, (ce que je suppose), ne devrait recevoir en bénéfice net, que l'impôt de l'intérêt du capital d'entretien, impôt qu'il percevrait d'ailleurs, par tout autre emploi de son capital; plus l'impôt des traitements des employés, et enfin, l'impôt sur les bénéfices des affaires qui se feraient, par suite de l'établissement du chemin de fer, mais qui arriverait au trésor par les voies ordinaires de perception des impôts sur ces sortes d'affaires, et qui par conséquent, ne peut être compris dans les bénéfices du chemin proprement dit.

On ne devrait donc payer, en définitive, en bénéfice net, et pour le chemin de fer proprement dit, que l'impôt sur le traitement des employés. (Impôt qui, dans l'hypothèse que nous avons admise, du chemin de fer exploité par l'Etat, serait payé et repris par l'Etat aux employés, afin d'établir une règle uniforme de perception des impôts, et pour maintenir l'équilibre de la répartition des charges de l'Etat, malgré les variations successives que peut subir l'impôt; car nous avons dit que tout homme devait à l'Etat une part déterminée et uniformément proportionnelle de son bénéfice ou de ses revenus, et qui représente sa quote part d'intérêt au maintien de l'ordre et de la tranquillité publique. Si cette répartition uniforme n'existait pas, il faudrait s'en rapprocher le plus possible par des améliorations successives, mais sans acoups; car ils occasionneraient des perturbations nuisibles à la société; puisque l'homme ne peut passer subitement d'une position à une autre, sans qu'il y éprouve découragement, inquiétude, et par suite, une fatigue qui l'empêche d'agir; ou inexpérience qui le rend impropre à remplir convenablement la fonction à laquelle sa nouvelle position l'appelle. La nature ne se transforme jamais subitement; elle agit lentement, successivement.

Quoi qu'il en soit, le chemin de fer ne doit être imposé, ou ne doit produire en bénéfice net et par lui-même, que l'impôt relatif au traitement des employés, impôt qui établit l'équilibre entre l'existence de ces individus, et celle des autres citoyens. Mais il faut bien se garder de grever ce chemin d'un impôt plus fort; car on paralyserait son usage, et par conséquent, les résultats du travail dépensé; on diminuerait la fortune publique; car la fortune ne se mesure pas par l'argent du trésor, mais par la quantité de choses faites, ou à consommer.

On ne doit pas imposer l'usage d'une chose quelconque, mais sa production, ou le travail acquis; à moins que la chose à imposer ne soit insuffisante aux besoins, et que, en l'imposant, on ne puisse se créer un revenu sans nuire à la richesse publique qui est l'usage des choses. Mais alors cet objet devient une source naturelle de produits, qui peut appartenir à quiconque en découvre ou en féconde la source. C'est là l'objet de l'industrie qui doit rester libre pour son plus grand progrès; car chacun alors y travaille activement et sous sa responsabilité propre, et nul ne saurait se substituer avec avantage, au jugement et au discernement des masses. Ce serait d'ailleurs attenter à la liberté humaine. Cependant le gouvernement ou la société doit surveiller les négociants comme les notaires; vérifier leurs caisses, leur actif et leur passif; empêcher les entreprises téméraires qui menaceraient les positions faites, ou l'existence des individus. On ne doit pas jouer follement la vie ni la fortune des hommes. Il y a des règlements pour l'emploi des cours d'eau; une usine ne peut nuire à une autre usine; il doit en être de même dans les industries et le commerce établi. L'état doit aussi intervenir lorsqu'il y a accaparement. Un péage n'est autre chose qu'un accaparement. Combien de ponts dans Paris, à peu près paralysés! Que l'on compare le nombre de personnes qui passent sur un pont avec péage, à celui d'un autre pont placé d'une manière analogue, mais sans péage, et l'on jugera de l'immense tort que l'on fait à la société, par l'application d'un faux principe, savoir : l'emploi d'un impôt arbitraire au profit d'individus. Car ces deux ponts ont exigé la même quantité de travail, et ils se détériorent à peu près d'une manière égale par le temps. Quant à la dépense d'entretien occasionnée par l'usage des hommes, elle est à peu près nulle.

Ainsi les travaux publics doivent être faits par l'Etat le plus promptement possible, et livrés à la circulation publique gratuitement, ou tout au plus, pour la dépense d'entretien, si elle vaut la peine que l'on s'en occupe.

On dira peut-être : mais alors c'est le peuple qui paiera et non celui qui profite. Erreur, préjugé dont l'envie et l'ignorance sont la source. De deux choses l'une; l'homme qui parcourt un chemin de fer, par exemple, le fait dans un but de plaisir ou d'utilité; si c'est dans un but de plaisir, il ne fait tort à personne, il paie les dépenses qu'il occasionne, et contribue même au bénéfice net de l'impôt sur les traitements des employés; ce voyageur est au plus une bouche inutile à la société. Mais ces hommes sont rares; nous ne sommes plus au temps où l'on tenait à honneur de ne rien faire; et encore ces hommes d'autrefois avaient adopté un travail particulier, celui des armes; ils étaient plus ignorants que coupables. De nos jours, tout le monde travaille, fait valoir ses facultés et ses moyens. La fortune n'est, comme nous l'avons dit, que le droit de choisir ses fonctions et sa place dans le monde. On ne saurait traiter de voyage inutile, celui qui aurait pour but de reposer l'esprit des fatigues du travail, ou de le stimuler et de le préparer à de nouveaux efforts.

Si l'homme voyage par intérêt, c'est le peuple lui-même qui juge le but qu'il se propose, et lui décerne la fortune en échange des produits qu'il apporte; produits qui se répandent par la liberté et le commerce, sur l'humanité entière. Loin de porter envie à cet homme, nous devrions le remercier. En somme, nous pourrions dire : l'humanité doit être mue par deux principes, la prévoyance et la générosité; générosité qui doit être partout le partage du gouvernement. Et encore ici n'y a-t-il aucune dépense excédante qui ne soit payée et au-delà, par le consommateur. Reste à examiner les moyens financiers d'exécution.

QUESTIONS FINANCIÈRES

D'EXÉCUTION DES TRAVAUX PUBLICS.

Les moyens financiers d'exécution des travaux publics, sont l'impôt et les prêts; l'impôt peut être ordinaire ou extraordinaire; et le prêt peut aussi être de deux natures, permanent ou momentané.

ORGANISATION DU TRAVAIL.

QUESTION FINANCIÈRE.

L'Etat ne peut emprunter sans offrir aux capitalistes un gage assuré d'un intérêt ou d'une rente. S'il s'agit d'un prêt parmanent, le gage qu'il semble d'abord le plus naturel d'offrir, serait une quote part déterminée de l'impôt ordinaire, impôt que nous avons dit devoir être une fraction constante du revenu de chacun de nous; nous allons voir immédiatement une partie des avantages qu'il y aurait à substituer ce mode de paiement de la rente, à celui qui est en usage actuellement, et qui consiste à assurer une rente fixe, pour une inscription déterminée de créances sur l'Etat.

Qu'y a-t-il de positif dans un prêt? La somme prêtée et l'intérêt que l'on retire.

Le crédit permanent serait constamment ouvert, ce serait en quelque sorte la caisse d'épargnes de la nation. Chaque particulier serait libre, ou de venir à la caisse, déposer des fonds, et de se créer par là un droit à une partie du produit de l'impôt, proportionnelle à la quantité de capitaux prêtés, et à la durée de ce prêt; ou bien d'acheter à un ancien prêteur, son droit à un dividende, en lui remboursant la somme prêtée par lui à l'Etat. Ces deux moyens d'opérer permettent aux capitaux de se niveler dans les deux industries, la privée et la publique. En effet, si les fonds placés sur l'Etat rapportent trop, ou plus que ceux placés dans l'industrie privée, de nouveaux fonds prêtés à l'Etat en rabaisseront le taux. Si, au contraire, les fonds placés sur l'Etat, par suite des prêts faits, et dont on devrait toujours rendre compte, devenaient trop peu productifs, les capitalistes les plus prudents vendraient leurs créances, pour reporter leurs fonds dans l'industrie privée, mais on n'inscrirait à la dette publique que les fonds d'échange ou d'achat de l'ancienne créance. Plus loin nous reviendrons sur ce sujet.

L'Etat, sans s'occuper des capitalistes qui veillent eux-mêmes à leurs intérêts, opère et agit avec les ressources qui sont mises à sa disposition, soit par l'excédant de l'impôt ordinaire sur la fraction qui sert de base au crédit permanent; soit par les impôts extraordinaires que l'on a jugé utile de créer; soit par les fonds disponibles qui viennent se placer dans le crédit public et permanent, par suite de l'amélioration des recettes de l'impôt qui lui sert de base, amélioration qui peut provenir ou du développement de la population, ou de l'amélioration de l'industrie par les travaux particuliers ou publics qui ont été exécutés.

Si, dans un moment donné, ces ressources ne suffisaient pas, on pourrait accumuler sur un petit nombre d'années, par un emprunt spécial momentané, les résultats d'un impôt extraordinaire; car, en définitive, c'est l'impôt ou cotisation générale et proportionnelle, qui doit payer toute dépense. Mais si le travail que l'on a en vue, doit être productif; s'il s'agit d'un chemin de fer, par exemple, par l'amélioration des recettes de l'impôt, l'Etat trouvera promptement dans le crédit permanent, les fonds nécessaires pour payer sa dette du moment.

C'est là, c'est par l'impôt sur les bénéfices nets de toute nature qui amène l'usage du chemin de fer construit, que l'on doit payer sa dépense, mais non en imposant le chemin, ce qui tarirait cette source de richesse qui doit le payer. Les capitalistes, pendant la durée du prêt, reçoivent l'intérêt légitime de leurs capitaux.

L'Etat pourrait encore transformer une dette flottante, ou du moment, en dette permanente, en augmentant l'impôt qui sert de base au crédit.

Mais alors, c'est payer, non plus sur ses économies, mais sur son fonds; c'est aliéner une partie de la propriété de chacun de nous. Il est vrai que par le travail, nous pourrions tous prétendre à notre quote part de cet impôt du crédit, en plaçant des fonds sur l'Etat; mais cela n'en serait pas moins désastreux; car en aliénant la propriété, nous marcherions au Communisme, qui en est l'aliénation complète. Le travailleur ne disposerait plus alors d'aucune partie du résultat de son travail. Ce résultat passerait en entier à l'Etat, qui le distribuerait proportionnellement aux intérêts des actionnaires; la responsabilité individuelle aurait disparu; le travailleur deviendrait esclave, et le capitaliste qui attend le résultat de son travail, pourrait bien mourir de faim.

Nous sommes arrivés à ces conséquences, en n'envisageant le travail qu'au point de vue des finances, tandis qu'il a une limite, c'est l'utilité et la puissance ou force humaine.

Le prêt permanent ne doit être qu'une assurance contre la misère; je l'ai dit, c'est la caisse d'épargnes de celui qui n'est pas en position de posséder, et qui se crée par là et par l'impôt, un droit de vivre sur la fortune publique. Les petits capitaux doivent chasser les grands, qui trouveront ailleurs un emploi, et qui méritent que les propriétaires les fassent valoir. L'Etat ne peut être responsable des capitaux, puisqu'ils disparaissent par la circulation ou par l'emploi qui donne droit aux propriétaires à une rente, sans quoi les capitaux seraient improductifs, ou si le propriétaire veut transformer cette rente en argent, il faut qu'il vende sa créance. Seulement l'Etat peut intervenir pour faciliter ces échanges. Ainsi, par exemple, on pourrait convenir de répartir les fonds offerts, sur les fonds demandés, pendant huit jours, pour avoir des moyennes; mais seulement jusqu'à la limite du pair, au-delà duquel l'argent offert serait inscrit au grand livre. L'Etat pourrait même être autorisé à acheter et à annuler les trois quarts de la différence, dans le cas où il y aurait déficit. Ce serait venir au secours des anciens prêteurs sans leur ôter toute chance de perte, et par conséquent de la responsabilité nécessaire pour les intéresser au maintien de l'ordre de la chose publique. Ce serait éviter l'effet désastreux des paniques, qui ne sauraient être de longue durée; car le revenu sur lequel est basé le prêt permanent, étant une fraction déterminée du revenu individuel de chacun de nous, varierait comme notre revenu, et ne saurait s'anéantir qu'avec la nation même. Bientôt, les créances annulées par l'intervention de l'Etat dans les remboursements, rassureraient les prêteurs et appelleraient, soit pour acheter, soit pour prêter, de nouveaux capitaux qui dispenseraient l'Etat de puiser au trésor pour soutenir le crédit.

L'Etat pourrait donc toujours donner au prêteur, les trois quarts de la somme prêtée ou de la partie qu'il demande, et huit jours après, la portion qui lui revient]du quatrième quart, suivant les demandes d'achat ou offres d'argent qui auraient été faites.

Mais il importe que l'Etat se libère le plus promptement possible, des emprunts, du moment où il aurait dû contracter; d'abord pour être plus libre de faire de nouvelles dépenses, si cela devenait utile; ensuite, parce que l'intérêt des capitaux diminue par le développement de la population, en même temps que leur valeur augmente.

L'intérêt des capitaux diminue, car l'intérêt n'est autre chose qu'une proportion du bénéfice net de l'action humaine, ou de l'excédant du produit sur les dépenses de production. Or, nous avons vu qu'à mesure que la population augmente, on est obligé de cultiver des terres moins productives, ou de développer une nouvelle quantité de travail plus grande que la première, sur la même terre, pour obtenir une nouvelle quantité de produits; dès lors il y a diminution dans les bénéfices nets des cultivateurs; et tous les autres hommes, qui ne vivent que de l'échange de leurs travaux avec la terre, voient également leur existence amoindrie, ou en d'autres termes, les hommes [industriels et intellectuels auront à pourvoir à l'existence d'un plus grand nombre d'hommes occupés à la terre, eu égard à la proportion des produits donnés; par conséquent, ils devront travailler davantage ou devenir plus nombreux, et par suite, ils participeront à la diminution des bénéfices que recueillent les travailleurs à la terre. Les capitaux qui servent d'instruments et mesurent les dépenses et les produits, diminueront donc l'intérêt. Cet intérêt deviendrait même nul, quand tous les travaux d'amélioration seront terminés et que la population sera arrivée à son maximum de développement, si les capitaux n'étaient toujours un instrument d'échange indispensable au commerce, et qui, par là, participera toujours à la richesse normale qui en fixera le taux définitif. Cette déduction du raisonnement est pleinement] confirmée par le taux de l'argent dans les colonies et les pays neufs. Il faudrait donc s'expatrier et aller habiter les pays les moins peuplés, si l'abondance relative des produits devait être le but de la vie.]Mais il n'en est point ainsi; ce but est leur bon emploi par les services réciproques de l'humanité arrivée à son maximum raisonnable de développement et par conséquent d'activité.

On remarquera même que le taux de l'argent est tout-à-fait indépendant de la quantité de numéraire par rapport à la population. Si cette quantité double ou triple, la valeur nominale de toute chose aura doublé ou triplé ; mais le rapport entre les nombres qui représenteront ces valeurs n'aura pas changé, ni par conséquent l'intérêt qui représente le rapport entre le chiffre du bénéfice net et la dépense de production. Il n'en sera pas de même de la valeur absolue du numéraire, ou de sa valeur d'échange. Il est clair que, puisqu'il faudra pour représenter le même objet, des quantités doubles ou triples de numéraire, les valeurs de ce numéraire seront entre elles, comme un, à deux et à trois, et que, par conséquent, lorsqu'une population se développe, toutes choses égales d'ailleurs, la valeur du numéraire augmente dans le même rapport.

On voit donc quelle double faute commet un gouvernement qui accumule sa dette ; sans compter celle plus grave encore, en ce qu'elle n'a pas de limite, de capitaliser ou de considérer comme des capitaux neufs, les mêmes fonds qui se représentent successivement au trésor par l'intermédiaire des agents financiers. Les capitaux sont, nous l'avons dit, comme le sang qui se représente successivement au cœur ; bientôt les ressources d'un Etat et même du globe entier, ne suffiraient pas pour payer sa dette ; or, quel tort ne fait-on pas à la société, en tendant à conserver aux capitaux un taux plus élevé qu'il ne devraient l'avoir, et en la privant du travail actif des hommes intelligents qui ont su se créer une fortune sur la dette publique.

INFLUENCE DU TRAVAIL SUR LA VALEUR D'ÉCHANGE DES MONNAIES, CRÉDIT INDUSTRIEL ET COMMERCIAL.

Le travail de la population peut, il est vrai, influer aussi sur la valeur absolue ou d'échange des capitaux. Les valeurs de consommation mises en circulation, ou leur valeur représentative par des effets de commerce, doublent, triplent les capitaux, en diminuent la valeur, et excitent à la consommation ; c'est là l'influence légitime de la société sur elle-même ; elle crée la richesse ou les produits ; car les capitaux ne sont rien, tant qu'ils restent monnaie ; ce sont seulement des instruments d'échange.

C'est au moyen de ces ressources de l'industrie et du commerce, dont l'Etat a sa quote part par l'impôt, qu'il doit se libérer au plus tôt; et même se procurer et mettre en réserve, des capitaux métalliques. Car les ressources de l'industrie ne sont que précaires; la moindre cause amène le discrédit des valeurs fictives ou représentatives de l'industrie; elles disparaissent dès que le travail cesse; ensuite malgré la sagacité de l'intérêt individuel, que d'erreurs, de fausses manœuvres, d'actions coupables même, qui amènent des crises désastreuses! Enfin, et c'est là le danger auquel l'Etat doit parer, l'industrie, par ses progrès, peut chasser les monnaies métalliques d'un pays; car, par les effets de commerce, le numéraire peut devenir tellement abondant, que les valeurs métalliques s'expatrient pour aller chercher au loin dés produits étrangers qui complètent le luxe qu'une nation se donne. Les nations qui sont très-actives et qui, en temps ordinaire, peuvent se suffire à elles-mêmes, courent surtout ce danger.

Alors, qu'il survienne le moindre embarras, les papiers deviennent suspects, le numéraire ne suffit plus à la circulation, et l'on ne peut se garer d'une crise que par des primes d'exportation qui ramènent des capitaux dans le pays, tout en l'appauvrissant; c'est comme un négociant qui est aux expédients et qui vend au-dessous du cours ses produits. D'ailleurs, nous l'avons dit, une nation ne vit pas d'argent, mais de produits; on ne se sauve d'une attaque d'apoplexie que par une saignée; l'état présent de la France en est un exemple.

Mais s'il survient une calamité publique, une disette, par exemple, qui exige que l'on se dispute les aliments par la masse des capitaux, cette nation est perdue. Que l'on se rappelle 1847 et l'emprunt de 50,000,000 fr. fait à la Russie. Nous voyons donc que les nations, comme les hommes, peuvent avoir des maladies critiques qui exigent des ressources extraordinaires. Nous voyons qu'une nation sage, surtout si elle prospère, doit mettre en réserve des valeurs métalliques en quantité convenable, et par conséquent, bien se garder de créer des valeurs fictives. Nous observerons d'ailleurs que des valeurs métalliques mises en dépôt, ne font tort à personne; seulement elles imposent à la nation, l'obligation de développer une plus grande quantité de travail, pour rétablir, par l'échange de ses produits avec les nations voisines, l'équilibre des capitaux, et acheter par là ces capitaux mis en réserve. Tandis qu'en émettant des valeurs fictives, elle commet un vol, puisqu'elle permet ainsi d'acheter, grâce à l'abondance du numéraire, des valeurs étrangères de consommation, auxquelles on n'avait pas droit. C'est déprécier, par son abondance, la valeur du numéraire, et s'en attribuer, sans sacrifice, la différence. C'est même s'attribuer une valeur plus grande que cette différence; car, au moment où l'on introduit les valeurs fictives, les monnaies ont un cours ou une valeur plus grande que celle qu'elles auront plus tard; et l'on achette, sous le régime de cette première valeur. C'est comme si dans un tonneau plein de vin on introduisait de l'eau en enlevant constamment et même, à côté du point où l'on jette l'eau, des quantités du mélange égales à celles de l'eau que l'on introduit. Il est clair que l'on enlève plus de vin que si l'on introduisait d'abord l'eau, pour prendre ensuite un volume égal du mélange parfaitement fait.

Mais en agissant ainsi, on s'expose au sort d'une nation qui, par économie, se ferait faire des soldats de carton; quand on en viendrait au combat, son sort serait bientôt décidé, si elle ne pouvait y substituer des soldats véritables.

Cependant, d'après cette comparaison, une nation peut faire usage de valeurs fictives, dans le but de se faire honneur de ses richesses en restreignant aux objets de luxe proprement dits, tels que les fêtes et les splendeurs nationales, la valeur métallique des monnaies fictives mises en circulation; sauf à leur substituer immédiatement les métaux eux-mêmes en cas de besoin.

On observera qu'une nation qui met en réserve des capitaux, pour le cas de guerre, se procure un double avantage; d'abord, au moment où elle puise ses capitaux dans la circulation, ils ont une valeur moindre que n'en aura ensuite le numéraire. Par conséquent, on rétablira l'équilibre des capitaux par des échanges avantageux avec les nations voisines. Si ensuite la guerre arrive, en puisant chez son ennemi les objets dont on a besoin, on obtient pour son argent, plus d'objets qu'il n'en vaut, par suite de l'abondance de numéraire qui va résulter de ces achats. On combat donc cet ennemi, et par les armes et par l'argent, qui alors devient un arsenal.

Nous venons de voir quelle influence avaient sur le cours ou la valeur d'échange des monnaies, les objets de consommation mis en circulation par les effets de commerce. Mais c'est là un cas particulier d'un fait général, qui s'étend à toutes les valeurs de consommation. En effet, les monnaies se composant des métaux précieux, leur valeur dépend aussi, du plus ou du moins de ces métaux répandus dans le commerce, c'est-à-dire qui sont à vendre ou à échanger. Si ces monnaies étaient trop abondantes, l'industrie bien certainement les demonétiserait; et si, au contraire, elles étaient insuffisantes, des billets de banque émis sur des lingots déposés, ramèneraient bientôt l'équilibre. Toutes ces valeurs de consommation se déprécient l'une l'autre, par leur abondance, et il en résulte un équilibre que l'industrie et le commerce sont constamment appelés à rétablir, avec le jugement du public pour guide.

Les métaux précieux servent d'unité, de type, ou de diapason, pour mesurer les autres produits; pour peser en quelque sorte la fortune publique ou les objets à consommer. Il serait à désirer que ces métaux fussent fixes et immuables, ou, pour mieux dire, proportionnels au nombre des hommes, si cela était possible; car l'unité de mesure devenant immuable, on saurait mieux ce que signifient les nombres qui s'en déduisent. Du reste, il n'y aurait pas grand inconvénient à restreindre la production de ces métaux, car, en dehors de leur emploi comme instrument d'échange, ils ne servent guère que pour des objets de luxe. Cependant on peut se rendre compte, à peu près, des variations de nombre qui dépendent de l'abondance des métaux précieux, par la comparaison du prix d'un même objet dans les différents temps que l'on considère; par exemple, le prix de la journée de manœuvre, qui doit être toujours à peu près tel qu'il puisse pourvoir à ses besoins.

Quoi qu'il en soit, les valeurs représentatives des objets de consommation ou effets de commerce, y compris les billets de banque, sont de véritables monnaies qui, comme nous l'avons dit, se déprécient l'une l'autre, par leur abondance, et provoquent la consommation; mais dont les valeurs doivent être en rapport avec leur abondance réciproque, et les besoins du public, qui est constamment appelé à en juger, à les rejeter ou à les admettre, les consommer, et dirige par là, l'activité humaine, dans les différentes industries ou professions, de manière à rétablir constamment l'équilibre entre la valeur, l'abondance de toutes choses, et ses besoins qui en règlent la consommation ou l'emploi.

Cet équilibre existe lorsque l'acheteur et le vendeur attribuent la même valeur au même objet, de manière que, par la rente, l'objet et le papier disparaissent; que l'un ayant trouvé son emploi, soit devenu immeuble ou soit immobilisé, et que l'autre soit remplacé par de l'argent, sans quoi il y aurait un déficit qui devrait être comblé en valeur métallique, par le vendeur, vis-à-vis de celui qui a accepté son papier.

Les effets de commerce ne sont donc autre chose qu'un crédit que l'on s'ouvre sur des objets que l'on offre à la consommation, et qui permet d'en aller chercher d'autres pour remplacer les premiers dès qu'ils seront vendus, mais sous sa responsabilité personnelle. Ce crédit est plus ou moins admis ou accepté, suivant la capacité reconnue des hommes, et les moyens pécuniaires ou autres, qu'ils ont de combler les différences, dans le cas où ils se tromperaient dans leurs opérations ou leurs calculs.

L'ensemble de tous ces effets qui ont une durée très-éphémère, dont la valeur est vérifiée journellement par les ventes, et qui se renouvellent constamment, constitue le crédit industriel ou commercial. Il a pour résultat de supprimer et de remplacer par des papiers, tous les capitaux nécessaires à la production, en donnant pour gage les objets produits, et l'engagement de payer en numéraire métallique les différences ou pertes, s'il y en avait au moment de la vente. Cette manière d'opérer facilite prodigieusement la dépense et la formation des produits de consommation, et par conséquent la richesse.

En somme, l'industrie, lorsqu'elle offre des produits, obtient des fonds pour aller au-delà, et chercher de nouveaux produits.

Voyons si quelque chose d'analogue ne pourrait pas être organisé pour la propriété foncière, qui n'est pas un produit, mais une source de produits ou de jouissances, comme les terres, les maisons, etc., qui sont susceptibles aussi d'être améliorées ou agrandies par l'emploi de nouveaux capitaux.

DU CRÉDIT FONCIER.

Des prêts sur gages tels que meubles, immeubles, terres, etc., que l'on engage comme garantie, mais dont on se réserve la jouissance ou l'exploitation, et dont on ne propose pas la vente, ne sauraient entrer dans le crédit commercial ou industriel. Ce serait confondre les valeurs de production ou de jouissance avec celles de consommation et à vendre, objets qui ont bien entre eux une valeur d'échange qui dépend de leur abondance réciproque, mais qui sont de nature bien différente. Les unes comprennent les sources de la richesse ou la jouissance même; sources qui sont susceptibles d'être augmentées, mais d'une manière fort lente et limitée, et qui ne laissent rien actuellement à la disposition de l'homme; les autres constituent des richesses actuellement disponibles ou à vendre, et pourraient être accumulées indéfiniment par l'économie et le travail. Par cette confusion, en admettant qu'elle fût possible, l'homme privé de base de jugement, ne saurait se guider dans l'usage des choses qui lui sont nécessaires. D'ailleurs la dette contractée pour l'amélioration d'une terre par exemple, ne peut être payée subitement, comme par la vente d'un objet de consommation, quand il s'agit d'un effet de commerce. Ici il n'y a aucune valeur équivalente à la dette contractée offerte au public, et dont il puisse apprécier la valeur. Il peut y avoir au plus une source de produits développée par le bon emploi des capitaux; augmentation de puissance productive qui, effectivement vaut une somme; mais cette somme se composerait de deux parties; l'une, de la valeur intrinsèque de la source productive développée, valeur qui consiste dans le travail nécessaire pour cet objet, et qui a nécessité l'emprunt; l'autre correspondrait à l'excédant d'utilité obtenue par le développement de la source productive. Or, le propriétaire restant maître de cette dernière valeur, il ne saurait prétendre à en avoir le prix vénal; d'ailleurs qui estimerait ce prix vénal? Personne ne viendra l'apprécier, puisque rien n'est en vente; lui seul peut en juger, et c'est sur les avantages qu'il peut en tirer, qu'il devra, par des économies, payer le travail même qui a nécessité l'emprunt, et qui ne saurait lui appartenir, puisqu'il n'a pu y suffire, et qu'il a dû y employer des économies qu'il sera nécessairement obligé de restituer en y joignant un bénéfice convenable.

Ainsi donc les prêts sur hypothèques ou sur gages, ne sauraient être comparés aux effets de commerce, qui reposent sur des valeurs de consommation équivalentes, introduites dans le commerce, et qui disparaissent avec ces objets, par la vente qui permet d'en apprécier exactement la valeur; tandis que les prêts ne reposent sur rien que ce qui existait déjà, et peuvent fonder seulement des espérances de bénéfices futurs, dont le propriétaire seul peut apprécier la valeur; bénéfices qui souvent peuvent être si faibles que la dette se prolonge très longtemps.

Vouloir mettre ces créances en circulation, ce serait transformer la terre et ce qui la recouvre, en un morceau d'or; le déchiqueter par parcelles, et le lancer comme monnaie dans la circulation. Ce serait pire encore, car, par la première émission de bons hypothécaires, le numéraire devenant plus abondant, la valeur nominale de toute chose augmenterait; la même terre, par conséquent, pourrait émettre de nouveaux bons, et nous marcherions à notre perte, à une catastrophe, non plus, suivant une progression arithmétique, comme dans notre système financier actuel, c'est-à-dire par l'augmentation successive de la dette; mais suivant une vitesse accélératrice, constante; c'est-à-dire, suivant la loi des corps qui tombent, et l'on sait avec quelle facilité ils se brisent et volent en éclats pour peu qu'ils tombent de haut. C'est là le sort qui nous serait réservé.

Non, les prêts hypothécaires ou reconnaissances d'emprunt sur gage, ne sauraient être une monnaie. C'est pour le prêteur, un titre de propriété sur l'objet qui a servi de base à l'emprunt; ce titre de propriété doit entraîner nécessairement une redevance, une rente convenue d'avance, applicable à toute la durée du prêt, et la dépossession de l'ancien propriétaire, s'il ne parvient pas à payer la dette contractée; punition qui serait justement méritée, dans le cas où il y aurait eu faux emploi de la force humaine; car la faute serait irréparable.

CRÉDIT FONCIER.

Mais l'humanité, l'honneur font un devoir à la France, de venir au secours de ceux de ses enfants qui, par le travail et l'intelligence, trouvent un moyen d'augmenter les sources productives qui nous font vivre. De même que l'Etat a ouvert ses coffres aux économies, pour assurer l'existence d'un grand nombre de nous, de même il doit les ouvrir pour permettre à d'autres, sous leur responsabilité personnelle, d'y puiser les fonds nécessaires pour l'exécution des améliorations les plus utiles. D'ailleurs, de quel droit l'Etat s'emparerait-il des économies publiques, quand d'autres offriraient d'en payer la rente à un taux convenable, avec des garanties suffisantes pour la sûreté des capitaux prêtés? Je sais que l'on répondra que c'est l'Etat qui paie la rente; mais un particulier doit avoir la préférence, dès qu'il offre une redevance ou rente équivalente. Nous verrons plus loin que ce sera un moyen de mettre en parallèle l'utilité des travaux publics et privés, et de limiter les uns par les autres.

Il est donc de toute justice d'ouvrir à chaque particulier, et sur les épargnes publiques, un crédit jusqu'à concurrence d'une fraction déterminée des valeurs mobilières ou immobilières qu'il donne en gage, et qui garantissent la sûreté des capitaux prêtés, avec obligation de payer pendant la durée du prêt, une redevance ou intérêt qui sera nécessairement la rente du crédit public, au moment où l'emprunt est contracté, sous peine, si cet intérêt n'est pas payé pendant cinq ans, par exemple, de se voir par le fait même, exproprié; enfin, (et c'est là le seul avantage que l'on puisse faire à l'emprunteur), avec faculté de se libérer par partie quelconque, quand et comme il le voudra, avec intérêt pour les versements partiels, égal à celui de la dette même, si au règlement général cet intérêt est plus fort que l'intérêt annuel ou sémestriel du crédit; ou avec ce dernier intérêt, si le premier est plus faible. (L'Etat retirerait, bien entendu, la quote part du quart de l'impôt ordinaire affecté au crédit public, correspondant aux fonds prêtés à des particuliers.)

On voit que le crédit public permanent, et le crédit foncier permanent, ne formeraient qu'une seule et même échelle, dans laquelle le débiteur pourrait devenir, de débiteur, créancier, en passant par zéro; ou passer, de créancier, débiteur, en achetant des immeubles qu'il donnerait en gage, pour la dette qu'il contracte. Les plus grands capitalistes occuperaient évidemment les extrémités de l'échelle.

Notre crédit public et foncier serait donc une vaste association générale contre la misère et pour le travail. Nous allons voir que l'Etat même pourra s'ouvrir un compte au crédit public; comparer par là l'utilité des travaux qu'il entreprend, aux travaux privés, et se libérer peut-être de dettes primitivement contractées.

TRANSFORMATION DE NOTRE SYSTÈME FINANCIER.

Examinons d'abord, et pour exemple, comment on pourrait transformer notre système financier actuel, en celui dont nous venons de parler. Rien ne serait plus facile : il suffirait de diviser la dette publique en deux parties; l'une que l'on inscrirait pour sa valeur réelle en février (la justice et l'équité l'exigent), ou suivant sa valeur réelle d'achat, s'il y a eu des mutations depuis; l'une, dis-je, que l'on inscrirait au livre de la dette publique permanente, ou crédit public. On déterminerait la grandeur de cette première partie, de manière que son intérêt au taux moyen des biens-fonds avant février, c'est-à-dire 3 pour 100, peut-être 4, fût desservi par une fraction déterminée du revenu ordinaire de l'Etat au 24 février, le quart par exemple, comme je crois l'avoir déjà admis. Or, on pourrait facilement supputer la grandeur de ce revenu, d'après nos anciens budgets; ou le ramener au taux qu'il devrait avoir, en admettant, comme cela se fait ordinairement, je crois, que le revenu ordinaire ou l'impôt ordinaire, ne doive être que le dixième du revenu de chacun de nous. Cette première inscription comprendrait nécessairement les caisses d'épargnes en entier, et une partie des autres dettes de l'Etat, flottante ou autre, suivant leur valeur réelle au 24 février, ou suivant leur valeur d'échange depuis, s'il y a eu un échange, comme nous l'avons dit, et proportionnellement aux valeurs de chacune de ses créances. L'autre partie de ces valeurs serait inscrite à un autre livre intitulé : Dette particulière de l'Etat ou dette de l'Etat. Les créances porteraient intérêt à 4 pour 100, taux ordinaire des capitaux avant le 24 février, et seraient remboursables, comme toute créance, selon leur valeur nominale, dès que le débiteur ou l'Etat le voudrait. On pourrait donner des numéros à cette nouvelle dette, pour chaque mille francs d'inscription, afin de fixer par le sort, quelles seraient les créances à rembourser, pour chaque remboursement partiel à faire.

Voilà le système financier transformé; voyons comment il fonctionnera.

Il y a deux natures de dettes contractées par l'Etat : l'une, intitulée crédit public, ou crédit que l'Etat ne peut rembourser; dont l'intérêt est desservi par le quarantième du revenu de la société ; dans laquelle on admet tous les fonds qui viennent se présenter, et dont un créancier ne peut se retirer, qu'en vendant sa créance, avec l'engagement par l'Etat, de supporter les trois quarts de la perte, s'il y a lieu, en calculant sur les demandes et les offres pendant huit jours. La seconde dette de l'Etat porte un intérêt fixe de 4 pour cent; elle est remboursable pour sa valeur nominale, dès que l'Etat le voudra; elle est intitulée dette particulière de l'Etat, ou dette de l'Etat. Enfin, tout particulier offrant des garanties, a droit de venir demander sur le crédit public, une somme quelconque, jusqu'aux limites que fixera une loi, d'après la valeur et la nature des garanties offertes, et aura la préférence sur l'Etat, à condition égale d'intérêt. Cet intérêt, une fois convenu, est applicable au prêt, pendant toute sa durée, sous peine d'expropriation, en cas de retard de cinq années; il est applicable aussi aux remboursements partiels faits pendant un exercice, si cet intérêt est plus fort que celui du crédit permanent pendant cet exercice; au cas contraire, ce dernier intérêt y serait substitué. Alors l'Etat rentrerait en possession de la partie de l'impôt qui sert de base au crédit correspondant aux capitaux prêtés aux particuliers.

Le système financier installé, et les lois du mouvement connues immédiatement, l'équilibre, s'il n'a pas été bien apprécié dès le début, s'établira entre l'industrie privée et le crédit public, soit par la vente de créances sur ce dernier, soit par l'introduction de nouveaux fonds. Cet équilibre établi, on s'arrangera de manière qu'il y ait en caisse, un cinquième des fonds placés. Le taux de l'intérêt qu'obtiendront les fonds engagés, sera évidemment le quart du revenu ordinaire de l'année précédente, supputé comme nous l'avons dit, divisé par les fonds engagés. Ce sera ce que nous appellerons le taux normal, ou le point de départ des intérêts ; c'est l'intérêt que dessert l'Etat pour les fonds qu'il a employés, et pour ceux qui restent en caisse, l'équilibre étant établi.

Supposons maintenant des demandes de fonds sur hypothèques ; nous nous proposerons de faire varier les intérêts, de manière que les fonds en caisse ne s'écartent guère du cinquième des fonds nécessaires en caisse, lequel cinquième nous avons pris pour point de départ. Pour cela nous supposerons ces fonds en caisse ou le cinquième des capitaux placés, divisés en deux cents parties égales, et nous admettrons que pour chaque deux-centième de diminution ou d'augmentation dans la caisse, (deux-centième qui n'est autre qu'un millième des fonds placés), on augmente où l'on diminue l'intérêt normal d'un vingtième ; intérêt qui, par conséquent, pourrait devenir dix fois plus fort que l'intérêt normal, dans le cas ou la caisse approcherait de s'épuiser ; ou deviendrait zéro, dès que les fonds en caisse arriveraient au dixième en sus du cinquième que nous avons supposé devoir conserver. Ces bases admises, les particuliers et l'Etat sont en concurrence pour obtenir les fonds des épargnes publiques, ou de la caisse du crédit permanent. Le public prend d'abord les fonds qui lui conviennent au taux du cours. Ce cours est très-facile à calculer, car l'Etat doit publier journellement ou au moins chaque huit jours, la situation des fonds prêtés ou le passif du crédit, et celle de la caisse. Le cinquième du passif doit être la caisse normale ; en déduisant de ce cinquième la caisse véritable, et divisant le reste par un millième du passif, on a le nombre de vingtièmes en plus ou en moins qu'il faut ajouter à l'intérêt normal qui doit être aussi connu et publié chaque année. Le public sait donc constamment à quel taux il emprunte les fonds qu'il prend au crédit public. L'amélioration des intérêts des capitaux placés, attire de nouveaux fonds au crédit public (1) ; et chacun puise dans cette

(1) On pourrait être tenté, pour activer cette affluence, d'ouvrir un compte aux capitaux prêtés, en regard de celui des capitaux sortants ou emprunts, de manière à faire jouir ces capitaux du surcroît de bénéfices qu'offrent les placements faits. Cela aurait de graves inconvénients : d'abord tous les prêts n'offrant plus les mêmes avantages, il y aurait distinction entre eux, et par conséquent agiotage. Il y aurait difficulté lors des remboursements, pour répartir les sommes versées entre les différents prêteurs, faire passer leurs fonds au crédit du cours, et leur établir un nouveau compte. Les capitalistes, au lieu de s'occuper de choses utiles, ne se préoccuperaient que du mouvement de leurs fonds, et de nombreux capitaux se soustrairaient à la circulation, pour

caisse, suivant l'intérêt qu'il y trouve, ou la plus grande utilité et les garanties que l'on peut offrir. L'Etat, de son côté, peut aussi s'ouvrir un compte au crédit public. Par exemple, si le cours des prêts descend au dessous du taux de la dette particulière de l'Etat, il peut puiser à la caisse du crédit public, et payer ses anciennes dettes, par de nouveaux engagements moins onéreux. Cependant cela ne peut être admis que pour faire la transition entre l'ancien système financier et le nouveau. Il serait peut être plus équitable de ne rembourser que lorsqu'on le pourra, sur des économies véritables. Car nous sommes obligés d'admettre, pour éviter l'agiotage et les entreprises téméraires, que, si l'on contracte plusieurs emprunts à la caisse du crédit public, ce sera toujours le dernier qui sera remboursé le premier. Et enfin si l'Etat a des travaux importants à créer et qui exigent un impôt extraordinaire, car le crédit permet de modérer cet impôt, on sera tenu de répartir la dépense sur un grand nombre d'années, par des emprunts successifs, faits à la caisse du crédit, mais de manière que les produits de l'impôt excèdent toujours d'une quantité convenable les rentes à payer; les travaux terminés, les fonds empruntés retournent au crédit, augmentent l'affluence des capitaux, diminuent leur intérêt, et permettent aux particuliers de développer les sources productives que l'on a en vue de créer par les travaux exécutés. La richesse augmente, et par suite, les moyens qu'a l'Etat de se libérer.

Mais l'Etat doit user avec réserve et prudence, des ressources du crédit, sans quoi l'intérêt des capitaux qu'il emprunte s'élèverait rapidement et absorberait toutes ces ressources. On pourrait juger par la grandeur des intérêts qu'il s'engage à payer, de la gêne qu'il produit dans l'industrie privée, en lui soutirant ses capitaux et ses bras. Enfin ce ne sont pas les capitaux, mais les bras des hommes, qui créent les travaux. Ces bras, dans l'état normal, doivent être tous employés. On peut au plus, par un surcroît de solde, exciter leur zèle et en attirer

attendre un moment favorable d'y rentrer. D'ailleurs, pourquoi tel ou tel capitaliste serait-il plus heureux qu'un autre, puisque leurs capitaux placés sur garantie ne courent aucun danger? Si l'un d'eux trouve sa quote part de la fortune publique trop faible, qu'il cherche lui-même un meilleur emploi de ses fonds, et qu'il acquière par son travail, un droit incontestable à un surcroît de bien-être. Il ne faut pas non plus que la société puisse être poussée trop subitement vers un surcroît d'activité ou d'économie, sans quoi on l'expose à des acoups, suivant la nature des hommes qui prennent part à sa direction.

lentement de nouveaux. Mais si, par des sacrifices considérables, on amenait un déplacement dans la population, c'est là une perturbation fatale aux intérêts de la société, perturbation que l'on ne doit se permettre que dans des cas très-rares, qui peuvent être considérés comme des calamités publiques, et pour lesquelles l'État, comme nous l'avons dit, doit avoir amassé des ressources extraordinaires. L'Etat doit, autant que possible, prévoir tout et administrer sans secousses ni tiraillements. Il doit donc grouper le travail de manière à le rendre le plus productif possible. Ce que l'on ferait facilement par la répartition des corps travailleurs.

Cependant, si les travaux publics étaient tellement développés et dirigés, que l'aisance générale et les améliorations permissent à un plus grand nombre d'hommes d'avoir une existence indépendante, les corps travailleurs s'appauvriraient ou diminueraient par suite des emplois à donner, comme nous l'avons déjà dit ; et aussi, par les non réengagements de ceux qui trouveraient près de leurs familles une existence qu'ils n'avaient pas auparavant. Dès lors, les corps travailleurs peuvent devenir insuffisants pour les travaux à exécuter. Dans ce cas, et c'est par là que je reviens et que je termine ce qui est relatif à ces corps, dans ce cas, dis-je, il faut payer les engagements volontaires, qui, comme nous l'avons dit, auraient une durée déterminée. Il faut fixer le taux des engagements par année suivant les besoins des corps, et appliquer ce taux à tous les travailleurs. C'est en quelque sorte une prime annuelle offerte aux travailleurs. On pourrait classer les hommes par degrés de force, et ne leur appliquer le prix annuel d'engagement, ainsi que le surcroît de solde destiné à stimuler leur zèle, que suivant une proportion convenue d'avance avec eux dans leur engagement ; sauf à permettre dans les corps, la rectification d'erreurs préjudiciables aux hommes, et que leur travail même permettrait de constater. Mais ce sont là des améliorations que le temps amènerait dans l'organisation. Les travaux publics deviendraient alors une mine dans laquelle les hommes les plus pauvres viendraient chercher par un ou deux engagements, et au moyen du crédit public qui alors serait très-productif, les fonds nécessaires pour aller féconder les sources productives que l'on a eu en vue de créer, par les sacrifices qu'ont exigés les travaux exécutés. Dans ce cas, l'impôt serait plus considérable ; les emprunts au crédit, plus grands. La société traite alors avec elle-même, achette son propre travail, et donne à chacun la récompense et la responsabilité qu'il convient qu'il ait.

Les travaux terminés , les économies continuent à affluer au crédit, par suite du taux de la rente qui ne s'abaissera que lentement ; les remboursements de l'Etat arrivent, les travailleurs retirent leurs fonds pour aller ouvrir ou développer de nouvelles sources de richesses.

On voit avec quelle merveilleuse facilité, ce système financier et les corps travailleurs se prêtent à tous les développements que l'on veut donner à l'activité humaine. Les capitaux trouvent un placement sûr ; le propriétaire, une caisse ouverte à ses besoins ; l'Etat, des ressources qui peuvent s'accroître et se plier à toutes les éventualités de l'existence sociale, sauf les cas extrêmes de danger et de malheur qui exigent des ressources extraordinaires mises d'avance en réserve ; enfin, l'homme pauvre trouve une existence assurée.

Le crédit public devient en quelque sorte une vaste association dans laquelle les fonds sont mis en relief, et prennent leur valeur par l'utilité que l'on peut en obtenir ; la société juge ; l'Etat lui-même n'intervient que comme emprunteur, et la responsabilité revient à chacun, comme il convient.

L'espèce d'accaparement des capitaux qui en résulte, n'offre aucun inconvénient, puisque les capitaux, comme nous l'avons vu, ne produisent rien par eux-mêmes ; ils n'agissent que par leur circulation qui, comme l'électricité, donne à chacun une impulsion. Et ici, la circulation doit être des plus actives, car la caisse du crédit serait constamment ouverte et aux économies, et aux besoins des travailleurs.

Les maires, les curés et les instituteurs pourraient être, dans chaque commune, les agents de cette vaste association, qui s'étendrait sur tout le sol de la France. La poste, les percepteurs et les receveurs des domaines leur fourniraient les moyens et les renseignements convenables. D'ailleurs, il n'y a pas accaparement absolu, il résultera seulement, ou à peu près, de l'avantage de chacun. Il existera même en dehors quelques banques pour les besoins de l'industrie, ou des personnes qui ne peuvent offrir de garanties. L'Etat, ou les capitalistes et même les propriétaires, en engageant leurs propriétés comme garantie, devront encore prêter leur appui aux bonnes idées qui n'auraient pas les moyens de se faire jour et de se réaliser en pratique, pour le bien de l'humanité.

Enfin, avant de terminer, examinons encore ce que devient l'impôt ou l'intérêt qui sert de base et de point de départ au crédit public, dans les diverses phases que peut éprouver ce crédit, par suite des besoins.

Dans les premiers moments, les capitaux sont recherchés et l'intérêt élevé, par suite de l'utilité des améliorations à faire ; dans ce cas, l'Etat, comme nous l'avons dit, a droit au remboursement de la quote part d'impôt qui sert de base au crédit, part correspondant à une somme quelconque prêtée, même à l'Etat. Mais, avec le temps, par suite des améliorations faites, l'intérêt diminuera et pourra descendre au-dessous de la quote part d'impôt assurée aux capitaux par les lois du crédit que nous avons admises. Alors l'Etat ne saurait plus prétendre au remboursement de cette quote part d'impôt, mais seulement à l'intérêt plus faible desservi par les emprunteurs à la caisse du crédit.

On voit que les seuls fonds dont l'Etat ne tire pas un intérêt quelconque, sont ceux qui restent en caisse ; c'est-à-dire, le cinquième des fonds prêtés et dont l'intérêt est desservi aux prêteurs, par le cinquième de l'impôt du crédit, ou le deux-centième du revenu total de chacun de nous, l'impôt du crédit étant le quarantième de ce revenu.

C'est là le sacrifice que la société s'impose pour constituer cette vaste banque ou association qui, après avoir fécondé et enrichi la société, devient, par l'abaissement du taux de l'argent au-dessous de la rente desservie par l'impôt, devient, dis-je, un acte de charité qui, assurant aux petits capitalistes, un intérêt convenable, et offrant aux travailleurs, des fonds à un taux moins élevé, récompense ainsi chacun proportionnellement à son mérite. Acte de bienfaisance que la charité religieuse, seul but sérieux d'activité qui reste à l'homme arrivé à son maximum de prospérité et de développement, devra compléter pour les innocents et pour les malheureux. Tâche immense qui ne fait que grandir avec la prospérité humaine.

Que l'on me pardonne ces longs développements donnés au système financier. Je n'avais nullement la prétention de traiter une pareille question, je voyais seulement l'utilité des corps travailleurs et la fausse voie dans laquelle on marche, par l'établissement des péages sur l'usage des travaux publics. J'ai été conduit à ces développements en étudiant la question ; étonné moi-même des résultats auxquels le raisonnement et le bonheur me conduisaient. Mais les finances ne sont qu'un instrument de puissance, qui ne dispensera pas l'homme de calculer et de réfléchir ; qui rendra même les conséquences de ses fautes plus terribles par leur grandeur. L'organisation des corps travailleurs seule peut être un remède à de grands maux, et je serais heureux, si les efforts que je viens de faire pour éclairer cette question pouvaient être utiles à ma patrie et à l'humanité.

FIN.